Here am I

Here am I

포토 에세이 양화진, 한국 개신교 부흥의 씨앗

초판 1쇄 인쇄 2007년 8월 28일
초판 1쇄 발행 2007년 9월 4일

글·사진 유재호   펴낸이 김명호   기획책임 김건주
편집책임 김순덕   마케팅책임 김석주
교정·교열 이송문   디자인 정선형

펴낸곳 도서출판 사랑플러스
등록번호 제22-2110호(2002년 2월 15일)
주소 (137-865) 서초구 서초1동 1443-26
전화 02)3489-4300   팩스 02)3489-4309
이메일 sarangplus@sarang.org

값 10,000원 ISBN 978-89-90285-49-6 03230

* 독자의 의견을 기다립니다.

Here am I

포토 에세이 양화진, 한국 개신교 부흥의 씨앗

글·사진 **유재호**

사랑플러스

이 땅의 모든 선교사님과 가족 모두에게
빚진 마음을 안고 이 책을 바칩니다.

추천사

양화진은 이 땅에 기독교의 터를 닦았던 언더우드, 복음을 위한 순교정신의 정수를 드러낸 로제타 홀, 그리고 기독교 민족주의를 몸으로 보여 주었던 헐버트 등 기라성 같은 신앙의 선배들이 묻힌 곳이다.

2년 전, 영하 10도가 넘는 새해 벽두에 한 해의 목양사역을 시작하면서 교역자들과 함께 양화진을 다녀온 적이 있다. 선교사의 묘비를 돌아보면서 이곳은 단순히 선교사의 시신이 묻힌 곳이 아니라, 그리스도를 향한 불타는 사랑이 묻힌 곳이라는 생각을 했었다. 온갖 퇴폐와 세속의 문화로 찌들어가는 서울. 하지만 그 심장부에 복음을 위한 순교의 피가 흐른다는 사실에서 적잖은 안도감도 느꼈다. 땅속에 묻혔지만 복음의 열정으로 끓어오르는 심장의 힘찬 박동소리는 시대를 넘어 그 자리에 선 우리들의 가슴 속에도 그렇게 울리고 있었다.

시인은 노래한다. "땅속에 묻힌 심장에서 뜨거운 피가 흘렀고, 지혈(地血)이 되어 차가운 땅을 녹여, 마침내 이 땅에 생명의 온기가 전해지고 죽어가던 생명이 되살아났다."라고. 이 땅의 세속화를 막고 생명을 수혈하는 것은 복음을 위한 순교정신뿐임을 확인하는 자리였다. 양화진에서 내 마음을 사로잡은 것은 오직 예수를 위한 그들의 순수한 열정과 영적인 기백이었다.

언더우드의 기도문처럼 당시의 조선은 "고집스럽게 얼룩진 어둠" 뿐이었다. 그럼에도 그들이 소망을 품고 자신의 생명을 아낌없이 드렸던 것은 순수복음의 열정과 영적인 기백 때문이었다.

세상의 기백도 때로는 생사를 가르는 결정적인 역할을 한다. 일렉산너가 4만의 군대로 이수스에서 당시 40만의 다리우스 군대를 쳐부순 것도, 중국 공산당의 초기멤버인 정강산의 23인의 동지가 장개석의 국민당을 제압하고 10억 중국을 접수할 수 있었던 비결도 여기에 있다.

하물며 우리에게는 세상의 기백과는 비교할 수 없는 예수 보혈의 능력이 있다. 선교사들의 순교가 있다. 그래서 아무리 세속의 파고가 높고 거칠게 밀려온다고 해도 결코 뒤로 물러설 수가 없다.

선교사들이 죽기까지 이 땅의 복음을 위해 온전히 내려놓은 삶은, 양화진에 묻혀 작은 묘비에 짧은 기념글로 남아 있지만 그들의 충성과 사랑, 열정은 주님 오시는 그날까지 영원할 것이다.

유재호 작가는 이러한 양화진의 영적 스피릿을 작품에 그대로 담았다. 행간에서 받는 느낌이 글 읽는 재미를 더하듯이, 유재호의 작품에는 눈으로 보여지는 그 너머에 "속히 지나가는 한 번뿐인 인생의 가장 가치 있는 삶"을 생각케 하며 마음을 여미게 하는 메시지가 있다. 양화진의 사계를 수차례 찾으며 파인더에 담은 피사체에 대한 작가의 느낌을 적은 짤막한 글 또한 책장을 쉬 넘기지 못하게 하는 깊이가 있다.

평양 대부흥 100주년에 즈음하여 나온 이 작품집이 독자들에게 초대 선교사들의 순수 복음의 열정과 영적인 기백을 불어넣기를, 그래서 이 민족이 열방선교의 마무리를 감당하는 작은 불쏘시개가 되기를 소망한다. 귀한 작품집을 위해 기도와 수고를 아끼지 않은 유재호 작가와 출간에 힘쓴 모든 손길들에게 사랑과 감사를 보내며 모든 영광을 하나님께 올려드린다.
할렐루야!

사랑의교회 담임목사 오정현

작업노트

가을,
양화진에 낙엽이 쌓인다. 낙엽은 거름이 되고 다시 나무로 돌아간다.
한 알의 밀알로 이 땅에서 자신과 자녀들의 삶을 바친 순교자들의 숨결은 살아 있는 자들에게 다시 이어져 간다.

신앙생활을 한 지 20년, 난 양화진을 알지 못했다.
양화진을 처음 방문하게 된 것은 우연한 기회였다.
이 땅을 위해서 순교한 그들 앞에 섰을 때, 나는 할 말을 찾지 못했었다.
"너무 늦게 와서 죄송합니다."와 "다시 오겠습니다." 라는 말밖에는….
양화진과의 첫 만남은 내게 그렇게 아픔으로 다가왔다.
그 양화진을 카메라에 담고 싶었다. 내게 다가왔던 양화진의 느낌과 감정을….

카메라의 셔터 소리와 함께 양화진은 파인더로 들어오고, 그들의 사랑과 숨결이 필름과 CCD에 담겨지기 시작했다. 양화진을 기록한다. 카메라는 공책이 되고 빛은 필기도구가 되어서. 그렇게 양화진에 대해 쓰기 시작했다.

양화진에는 한국 개신교 역사에 위대한 업적을 남긴 외국인 선교사들과 그 가족들이 잠들어 있다.
처음, 양화진을 찾았을 때 나에게 그들은 이름 없는 사람들이었다. 어떻게 살았는지, 무슨 일을 했는지 알지 못했다. 양화진의 의미를 하나 둘 알게 되면서 많은 것들이 나를 부끄럽게 했고, 카메라를 들게 했다. 양화진의 역사에 대해 완벽하게는 알지 못한다. 그러나 내가 한 가지 분명히 고백 할 수 있는 것은 그들의 섬김과 헌신이 오늘 내 삶에 영향을 주었다는 사실이다.

어느 때인가 무덤 앞에 서 있는데 갑자기 이런 말이 들려오는 듯했다.
'나도 한 때는 그곳에 그렇게 서 있었소. 그리고 주님의 뜻을 이루고, 그분을 위해 살고자 이 땅을 밟았소. 당신은 지금 어디에 서 계시오? 지금 무엇을 하고 있소?'
그들은 이 땅에서 주님을 위해 일하다 잠들었다. 왜 이곳, 우리 나라에 왔을까? 선지자 이사야의 고백이 그들의 고백이 되었을 것이다.
"주여, 내가 여기 있나이다. 나를 보내소서."

그들이 하고 싶어서, 할 수 있어서가 아니다. 주님이 그들을 통해 하길 원하셨고, 주님께 순종했기 때문에 할 수 있었을 것이다. 선교는 주님의 부르심에 반응하고 순종하는 것이라는 사실을 알게 되었다.

이제 내가 그들 앞에 서서 대답을 한다.

"내가 여기 있습니다. 한 때 당신들이 서 있던 곳에 내가 서 있습니다. 그리고 당신들이 걸어갔던 그 길을 저도 걷겠습니다. 그리고 주님을 위해서 살아가겠습니다.

Here am I, Send me. 내가 여기 있나이다. 나를 보내소서(사 6:8)."

양화진에서 주님을 만나고 기뻐하고 죽음마저도 두려워하지 않았던 선교사들의 삶에 대한 숭고함을 보았다. 지나쳐 버리기에는 너무나 가치있고 소중한, 그 안에 담겨 있는 정신과 흔적을 기록하기로 했다.

세상을 따라 양화진이라는 존재도 서서히 희미해져 갔다. 내가 잊으려고 한 것은 아니었는데…. 나의 기억 속에 양화진을 다시 각인한다. 그리고 그들의 숭고한 삶을 배운다. 죽음 후의 모습만이 아니라 그들이 살았던 삶의 모습도 닮고 싶다.

1부 이 땅 사람들을 위해 살다간 삶

살아 있기에 날아오르다
뜻이 있기에 날아오르다

그들이 잠든 이곳에 고요한 적막이 흘러도 생명은 솟구쳐 날아오른다.
살아 있는 것은 분명한 이유가 있다.
생명이 있는 한 이루어야 할 소명이 있는 것처럼, 꿈을 안고 힘차게 날아올라야 한다.
이 세대와 다음 세대를 향해서.

Fly 2006

처음 이곳에 묻힌 이름
서른셋 그해에 묻힌 여름

헤론 선교사의 묘이다.
전염병을 치료하던 중 본인도 병에 걸려서 사망했다.
무더웠던 7월, 당시 고종의 승인을 얻어 이곳 양화진에 잠들었다.
양화진이 있게 된 처음 사람이다.

Heron 2006

천의 생명이라도 바치리라

이 땅을 위해 살다간 삶이리라

케드릭, 한국으로 선교를 온 지 10여 개월 지나 풍토병에 걸려
선교의 꽃을 채 피우기도 전에 사망했다.
사망 당시 그녀의 나이 스물다섯.
그녀의 묘비에는 "If I had a thousand lives to give, Korea should have them all"이라는 글귀가 있다.
목련 나무 꽃이 아련하다.

Thousand 2007

복음에 빚진 자들이 있다. 그 빚의 중한 감정을 느끼며 하루하루를 살아가는 이들이다. 빚은 자신의 삶을 지배하고 때때로 가슴 한구석을 강하게 때리며, 주체할 수 없는 눈물로 나타나기도 한다. 오직 복음을 아는 자들이 느낄 수 있는 은혜의 중압감이다. 그들은 빚을 갚기 위해서 하늘의 부르심을 받아 길을 떠나고 사람들 속으로 들어간다. 이 땅에 오신 예수님의 삶을 가슴으로 느끼며 사람들 속에서 살고 사람들을 변화시킨다. 자원하는 마음과 기쁨으로 생명이 다하는 그날까지….

오래 전에 그들이 이곳에 왔다. 그리고 양화진이라는 작은 공간에 잠들어 있다. 양화진은 합정역에서 그리 멀지 않은 곳에 있다. 합정역에서 10여 분 정도 가면 아담한 크기의 묘역이 나온다. 묘역 앞으로는 강변북로가 이어지고 그 너머에 한강이 흐른다. 크고 작은 묘들이 옹기종기 한 무리를 이루고 있다. 그들 가운데는 한국 선교에 위대한 업적을 남긴 이들도 있고, 기록조차 없는 이들도 있다.
1890년 7월 여름, 고종의 시의였던 존 헤론 선교사가 사망, 이곳 양화진에 처음 묻히게 되었다. 그후 수많은 선교사들이 이 땅에서 순교했고, 그들과 자녀와 가족들이 이곳에 묻히게 되었다. 그들 모두는 생명을 다해 마음에 품은 복음의 빚을 갚기 위해서 하나님의 뜻에 순종했던 사람들이다.

복음은 간직해야 할 보물이 아니다. 나누어 주어야 할 거룩한 빚이요, 하늘의 선물이다. 복음은 사람들을 기다려 맞이하는 것이 아니라 사람들에게로 가는 것이다. 그들이 우리에게로 왔다. 복음이 이 땅과 사람들에게 전해지게 되었다. 그들은 우리에게로 왔고 우리 땅에서 복음의 빚진 자로서 삶을 살았고, 하늘나라로 갔다.
그렇게 복음은 주님의 사람들을 감동시켜 시대를 넘고, 공간을 초월하여 온 세계에 말씀이 전파되기까지 멈추지 않고 흘러갈 것이다.
양화진의 적막을 깨고 한 마리의 새가 날아오른다.
이 땅에 전파된 복음이 다음 세대를 향해 힘찬 비상이 있기를 간절히 소망한다.

이 땅이 당신의 빛을 품길
온 땅이 당신의 빛을 펴길

4시쯤 해가 넘어가면서 그림자를 만든다.
서서히 자신의 감추어진 모습을 드러내듯이 하늘을 향해 고개를 들고 오랜 시간 서 있다.
내게는 그렇게 보였다. 신기하게도⋯ 그리고 무엇인가, 누군가를 기다리는 모습으로⋯.

Wait 2006

눈에 띄지 않는 작은 모습
라르손

라르손…
그의 묘지는 묘지인지 통로인지 모르겠다.
작은 나무에 가려서 묘를 알아보지 못하고 그곳을 통로 삼아 지나다닌다.
그래도 사람들이 밟는 그곳은 라르손의 묘이다.

Larson 2006

잃어버린 자리
알 수 없는 돌

한 컨에 조그마한 십자가가 놓여 있었다.
어디에 올려져 있는 듯, 제자리가 아닌 듯,
자리를 잃어버렸을까….
그렇게 알 수 없는 돌이 되어 양화진
한 구석에 서 있었다.

Lost Place 2006

비와 눈이 하늘에서 내려서
뜻과 일이 온전하게 되어서

양화진 묘비들 위로 눈이 날린다.
비와 눈이 하늘에서 내려서 다시 그리로 가지 않는다고 말씀해 주셨다.
반드시 주님의 뜻을 이루며 그 보낸 일을 형통케 하신다고 하셨다.

Snow 2007

서서히 내려앉은 흙더미
아무도 알 수 없는 사람이

세 명의 무덤이 알 수 없게 놓여 있다.
서서히 가라앉았을 무덤들은 그것이 묘인지 땅인지 구분이 안 된다.

Three 2007

보내고 싶지 않았으리라
보내야 하는 믿음이리라

깨어질 듯한 고통과 아픔을
멀리 타국에서 맞이해야 하는 상황이라면,
그 아픔을 딛고 다시 일어서야 하는 현실이라면,
그것은 믿음이 없이 불가능할 것이다.
하나님은 실수하지 않으신다는 믿음.

Infant 2006

눈물 한 방울 주르르
마음 한 구석 싸르르

처음 양화진에 가 여기저기를 둘러보면서
촬영할 때였다. 아이 묘역을 돌아다니는데
파인더를 바라보는 내 눈에서 주르르 눈물이 흐른다.
미안하다는 생각에….
이 많은 아이들이 무슨 이유로 여기에 있어야 하는가….
꽃이 놓여 있는 곳의 아이는 태어난 날 사망하였다.

My Baby 2005

My Baby 2006

My Baby 2007

사흘 동안의 빛
영원한 안식

4, 5, 6, 7 이 아이가 살다간 날짜이다.
이 세상에서 4일을 살았다.
그리고 영원한 안식으로 들어갔다.
주님의 계획하심이 있으셨기에….
작은 꽃잎들이 묘지를 덮고 있었다.

Boy 2005

가는 날은 달라도
함께한 날은 묻혀도

부부란 어떤 관계일까….
죽어서도 함께 서로를 의지하듯 서 있다.
검은색 묘의 측면에는 시가 적혀 있었다.
"언 손 품어 주고 쓰린 가슴 만져 주어
 일생을 길다말고 거룩한 길 걸었어라
 고향이 따로 있든가 마음 둔 곳이어늘"

Couple 2006

한 사람의 아내로서
한 주인의 종으로서

유진 벨 선교사의 아내이다.
한 사람의 아내로서 헌신하고, 한 주인의 종으로서
이 땅에서 순종한 여인이다.
가정과 사역을 감당하면서 자신을 희생한
고귀한 삶이 가슴을 울린다.

Bell's 2006

모두가 말 없이 조용하다
내 맘이 일렁인다

조용한 양화진,
그 한가운데로 지나가는 바람의 숨결,
그리고 그들이 묻혀 있는 땅.
그곳에 서 있으면 나도 모르게 깨달아지는 것들이 있다.
무언지 모르게 알게 되는 것들이….

Quiet 2006

죽어 바위 되리라
네게 반석 되리라

클라크 선교사 자녀의 묘비인 듯하다.
양화진 구석에 바위처럼 땅에 박혀 있다.
B APR 3 03   D DEC 21 04
죽음은 때로 살아 있는 자들에게
반석처럼 강한 믿음을 가지게 한다

강물을 거슬러 올라간다는 것은 쉬운 일이 아니다. 연어는 회귀본능이 있어 알을 낳기 위해서 강물을 거슬러 올라간다. 그리고 알을 낳고 죽는다. 강을 거슬러 올라가는 여정 속에서 수많은 위험들을 만나 때로는 임무를 다하기 전에 생명을 잃기도 한다. 그래도 강물을 거슬러 올라가는 이유는 다음 세대를 향한 생명 때문이다.

살아 있다는 것은 거슬러 올라가는 힘을 가지고 있다는 것이다. 영혼이 살아 있다는 것은 분명한 비전과 생명으로 소명을 다하기 위해서 세상과 맞서 싸운다는 것이다. 세상에 대해 아무런 감각도 없고 그 물결에 휩쓸려 다니는 것은 죽었다는 것이다. 죽은 것은 물결을 따라 떠내려간다. 감각도 움직임도 없다. 그러나, 살아 있다는 것은 세찬 물결에 대항하며 그 물결 위로 뛰어오른다는 것이다. 그 물결과 맞서 자신의 생명력이 소진할 때까지 다음 세대를 향한 꿈을 이루어가는 것이다. 세상이 이해할 수 없는 삶이다. 세상의 부귀와 영화를 포기하고 자신의 존재조차도 인정하지 않는 척박한 땅을 개간하는 삶을 사는 것이다.

양화진에는 이 땅을 위해서 세상에 맞서 싸웠던 믿음의 선배들이 있었다. 그들은 가난했고 복음에 적대적이었던 이 땅으로 발길을 옮겼다. 그리고 순교했다. 주님의 복음이 이 땅에 퍼지는 그 순간까지 결코 멈추지 않았다. 친구들은 이해하지 못했을 테고, 그들을 바라보는 세상은 손가락질했을지도 모른다. 어리석은 자들이라고….

그러나 그들에게는 세상보다 큰 다른 것이 있었다. 진정으로 가치 있는 일을 알았고, 유한한 것보다는 영원한 것에 자신의 삶을 투자하기로 선택했다. 이 땅의 사람들을 사랑하셨던 주님의 간절한 마음을 알았기에 결코 멈출 수가 없었다.

말씀이 육신이 되셔서 이 땅에 오셨고 그분은 우리 가운데 거하시길 자원하셨으며 우리를 위해서 죽으셨다. 그 사랑을 먼저 알고 경험한 자들이 이곳으로 왔다. 하늘의 가치를 가지고….

복음 전하던 자의 땀
이름 없이 묻힌 땅

선교란 희생이다.
아무도 기억해 주지 않을지라도 말이다.
누구였는지, 자신이었는지 자녀이었는지….
묘의 크기가 작은 것으로 보아서는
누군가의 자녀 묘인 것 같다.

The Cross 2006

The Cross 2007

가을에 떨어진 낙엽은 거름이 되고
이 땅에 묻혀진 당신은 열매가 되고

러시아에서 온 사람인 듯하다.
주변에 낙엽이 쌓였다.
가을, 낙엽, 그리고 희생.
가을에 찾아간 양화진은 그랬다.
희생이 있었기에 열매가 있지.

Fall 2006

오랜 세월

새긴 숨결

양화진은 잊혀졌던 곳이다.
내 기억에도 잊혀진 곳이었다.
양화진은 묵묵히 그 세월을 지나왔다.
그리고 또 이어갈 것이다.

Grains 2006

하늘 뜻에 순종하며
날마다 짐을 지고 가며

날마다 자기 십자가를 지고 주님을 따른다는 것은
결코 쉬운 일은 아니다.
무겁고 힘들다고 버릴 수 있는 것이 아니다.
십자가는 선택이 아닌 책임이고
감당해야 할 짐이다.
날마다.

The Cross 2007

그의 팔에 잠든 이들
그의 나팔에 일어날 이들

데살로니가전서 4장 16, 17절에서는
주님의 재림 때에 그리스도 안에서 죽은 자들이
먼저 일어난다고 했다.
이들은 죽은 자들이 아니라
먼저 일어날 자랑스러운 자들이다.

Rise First 2006

팔을 벌려 당신을 향하고
팔을 벌려 나를 품으시고

하늘을 향해 두 팔을 벌리고 자신을 드린 사람들,
그 많은 희생들을 향해서 주님은 더 넓은 팔로
모두를 안으셨다.
그리고 영원한 안식으로 인도하시고
그들 모두를 축복해 주셨다.

Up 2007

길 떠나는 이들은 생각한다. 새로운 모험에 대한 기대와 여정이 계획한 대로 행복하게 끝나기를….

선교의 길을 떠나는 사람들 역시 그러한 기대를 가슴에 안고 선교지로 향할 것이다. 그 여정을 인도하실 하나님에 대한 기대와 늘 함께하신다는 사실에 대한 믿음으로 나아가는 것이 다를 뿐.

선교지로 떠날 때의 목표는 하늘의 뜻을 잘 수행하는 것일 것이다. 선교지에 도착해서는 계획과 달리 한 달을 지내고 생을 마감하는 경우도 있고, 선교지의 문화를 습득하고, 언어를 배우고, 적응 훈련을 마치고 본격적인 사역을 시작하려고 하는 시점에서 병으로 목숨을 잃는 경우도 있다. 또한 선교지에서 축복의 선물로 아이가 태어나기도 하고 태어난 다음날 아이를 주님의 품으로 보내기도 한다. 부부가 생사를 달리하는 상황이 올 때도 있다. 이름이 무엇인지, 무슨 일을 했는지, 어디서 왔는지 알 수 없이 그 땅에 묻히고 사람들의 기억에서조차 사라진 존재가 되는 경우도 있다.

이런 선교의 역사를 알 수 있는 기록들이 죽음으로 한 장소에 고스란히 남아 있는 곳이 양화진이다. 묘비에 새겨진 비문을 통해 그들의 삶과 헌신을 생생하게 만날 수 있다. 무엇이 그들을 이곳까지 오게 했을까?

'순종', '헌신', '소명', '복음의 감격', '부르심의 합당한 삶'….

온전히 자신의 생애를 하나님께 드렸다. 시간을, 물질을, 사랑의 수고를, 생명을….

해야 할 일과 여정은 하나님께 속해 있음을 그들은 알았다. 그들의 눈에는 복음이 더디게 진행되는 것처럼 보였을지도 모른다. 그러나 하나님의 약속은 확실하고 하나님의 때에 정확하게 성취된다. 그들은 잠들었으나 하나님의 약속을 믿었으며 믿음의 눈으로 이미 바라보고 기뻐했었다. 한 비문에 새겨진 글이다.

> "우리는 부활절 아침에 이곳에 왔습니다.
> 그날 사망의 권세를 이기신 주께서 이 백성을 얽어맨 결박을 끊으사
> 하나님의 자녀로서의 자유와 빛을 주시옵소서."
>
> 1885년 4월 15일 제물포에 상륙하면서 드린 첫 기도

이 기도가 이 땅에 이루어졌다. 이 기도는 모든 선교사들의 공통된 바람이었을 것이다. 아펜젤러가 이 땅을 밟으며 드렸던 기도이다. 그의 옆에는 그의 부인과 언더우드 선교사가 함께 있었다.

오늘도 누군가는 길을 떠난다. 가슴에 뜨거운 열정과 주님을 향한 간절한 마음을 가지고…. 모든 여정이 하늘의 뜻에 있음을 철저히 순종하며 주님을 닮아가는 이들이다.

바람이 나무와 구름을 흔든다
십자가가 너와 나를 붙든다

바람이 조용히 양화진을 흔들고 지나간다.
그 안에서 묘들은 가지런히 앉혀 있다.
십자가는 죽음이요 고통이다.
동시에 안식이고 구원이다.

Two Cross 2006

부러져도 꺾이지 않으리
부숴져도 나뉘지 않으리

우리의 싸움은 육체에 속한 것이 아니고
영에 속한 것이라고 하였다.
영적 전쟁, 그것은 물러설 수도
거부할 수도 없다.
혼신의 힘을 다해 싸워 나가야 한다.

Fighting Spirit 2006

땅위의 전쟁은 끝났어도
하늘의 전쟁은 계속되고

6.25 전쟁으로 파손된 비석이다.
이 땅에서의 전쟁은 끝이 났지만 영적 전쟁은 계속되고 있으며 많은 이들이 감당하고 있다.
전파하는 이가 없이 들을 수 없다.
지금도 세계 곳곳에서는 생명의 복음을 애타게 기다리고 있다.

Two Wars 2005

아무도 가꾸지 않아도
아무도 기억하지 못해도

무명의 그리스도인의 묘이다.
아무도 돌아보는 이가 없어도
여전히 그들은 존재하고 있고
이곳 양화진을 지키고 있다.

Unmarked 2006

복음의 뿌리 되고
세계로 뻗어 가고

양화진에 잠든 이들의 믿음과 헌신으로
이 땅의 부흥이 일어나고, 그 부흥은 다시
세계를 향해 더 크게 펼쳐 나가리라.

Tree 2007

2부 이름도 없이

24 Unmarked

모든 아픔을 품으시는 이
그러기에 할 수 있는 일

6.25 전쟁 때 포탄에 맞아 상처가 난 묘비이다.
묘하게도 상처 난 그림자 사이로 한 사람이 보였다.
포탄의 중앙을 가슴으로 감싸 안으면서,
지그시 모든 것을 품으시는 모습을 하면서.
그분이 품으시기에 선교는 할 수 있는 것이다.
"내가 아니요 오직 그리스도"(갈 2:20).

Here am I 2006

그분의 섬김 안에서
그분의 뜻 안에서

이화학당의 설립자 스크랜튼 여 선교사이다.
50여 세의 늦은 나이에 한국을 밟았다.
양화진에 가면 어른 키 높이의 십자가를 만날 수 있다.
그리고 그 중앙에 선명하게 "IHS"라는 글이 써 있다.
"예수"라는 뜻의 히랍어를 영어식으로 바꿔 놓은 것이다.

IHS 2006

언더우드
원두우

너무나 유명한 언더우드 선교사.
그의 자녀들이 대를 이어가며 한국을 섬겼다.
한국 이름은 원두우. 새문안교회를 설립했다.
미국에서 사망하였으나 유해가 이곳 양화진으로
이장되어 지금은 부인과 자녀들과 함께 있다.

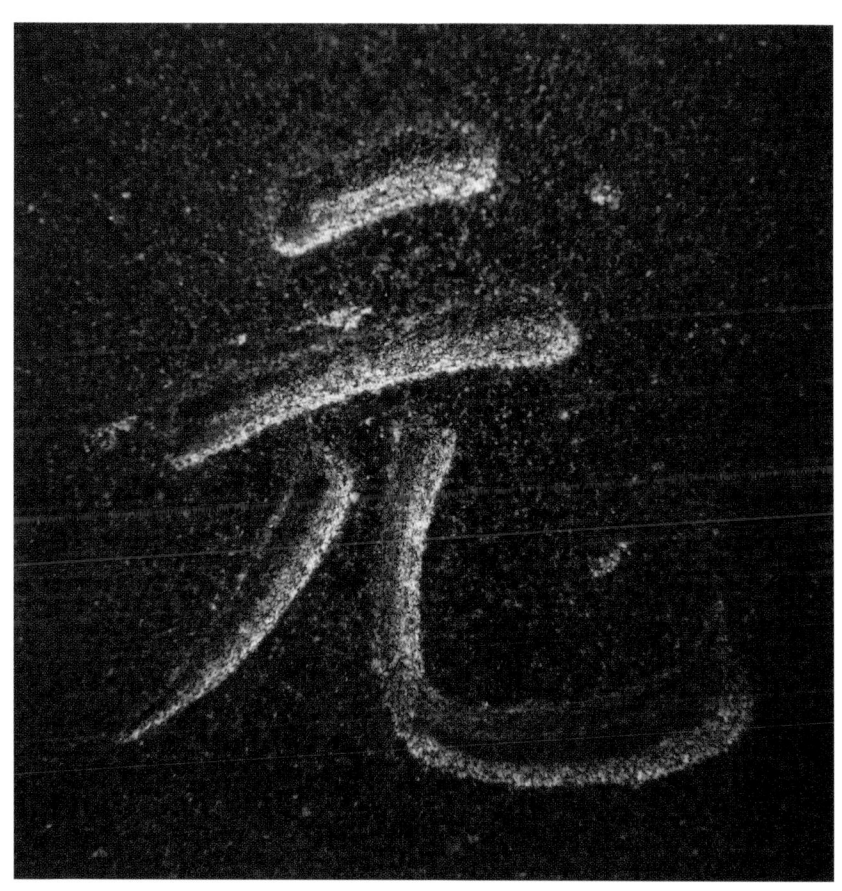

Underwood 2006

**분명히 나를 사랑하신다
단지 내가 잊고 지낼 뿐**

하나님은 나를 사랑하신다.
명백한 사실임에도 얼마나 잊고 지내는지….
무엇을 그리도 걱정하며 지내는지….
그래도 나를 받아주시는 분.

God is··· 2006

잃어버릴 수는 있어도
잊을 수는 없어라

누구의 묘인지 확인할 수 없다.
양화진에는 이런 묘들이 많다.
누구인지 알 수는 없지만 그들의 희생과 섬김을
다음 세대가 잊지 말아야 할 것이다.
그래야 그들의 희생이 헛되지 않으리라.

Unmarked 2005

마음을 담아 모은 단지
마음을 다해 드린 단지

생이 다할 때까지 마음을 다해 귀한 것을 모은다.
그 모든 것을 아낌없이 주님을 위해서 깨뜨린다.
생명보다 더 귀한 것은 없을 것이다.
자신을 소중히 준비해서 온전히 드리는 것은
참으로 가치 있고 아름답다.

Jar 2007

다 이루었다
다 이루었나

어느 간호사의 묘에 있는 글귀 중의 한 부분이다.
죽음을 앞두고 과연 다 이루었나를 돌아볼 때
나는 어떤 대답을 할 수 있을까….
내가 하려 했던 것을 다 이루고 가기를 바란다.
그 원하는 것이 곧 주님의 것이기를 바란다.

Done 2006

경주하는 자들이 목표하는 것과 가장 영광스러워 하는 것은 경주를 마친 후 많은 사람들 앞에서 상을 받는 것이다. 경주를 준비하는 모든 이들은 한결같이 최후의 승리를 위해서 연습을 한다. 자신과의 싸움과 혹독한 훈련을 감수하면서, 경주에서 이기기 위해 최선을 다한다. 최선을 다한 이들 중 누군가에게 상은 돌아갈 것이고 비록 상을 받지 못했지만 노력한 모두는 관중들로부터 한결같은 박수를 받을 것이다.

 삶을 경주라고 한다. 그 삶에 대해 자신이 원하는 것을 다 이루었다고 말할 수 있는 사람이 과연 몇 명이나 될까. 양화진 비문에는 한결같이 "이루었다. 충성했다. 섬겼다. 사랑했다."라고 적혀 있다. 어떤 삶을 살았기에….

그들은 주님의 뜻대로 시간과 재물, 건강 등 모든 것을 드려 주님처럼 살고자 했을 것이다. 자신에게 주어진 재능으로 사람들을 섬기며 주님의 일을 행하는 데 온전히 사용했을 것이다.

그들의 삶의 목적은 주님을 끝까지 따르는 것이었다. 선교를 떠나는 사람이나, 보내는 사람이나, 기도하는 사람이나, 후원을 하는 사람 모두를 사용하셔서 주님은 당신의 뜻을 이 땅에 펼쳐 보이신다.

그 일을 위해서 여러 가지 모양으로 사람을 부르시고 사용하신다.

억지함이나 강제가 아니라 감동으로 자원함으로, 넘치는 손길을 펼치도록 한 사람 한 사람을 변화시키신다. 하나님이 진정 원하시는 것은 경주에 참여하는 자들이 아버지의 뜻을 알고 더 충만해지는 것이다. 즉 경주 자체의 승리뿐만 아니라 그 경주를 통해 훈련되고, 말씀으로 충만하고, 그리스도의 장성한 분량에 이르도록 성장하는 변화를 원하신다는 사실이다. 주님의 관심은 오직 사람이다. 그 관심을 넘치게 받으며 삶을 살아가는 것은 축복이다.

경주를 끝마친 이들이 관중석에서 또 다른 경주를 지켜본다. 허다한 증인들과 함께 경주를 하는 이들을 향해서 다시 한 몸이 되어 응원한다.

힘내라고…

끝까지 달리라고…

주님을 믿고 순종하라고…

목청 높여 주님의 일과 그 일을 함께하는 사람들을 향해서 변함없는 응원을 보낸다.

경주는 계속된다. 지금도…

그때의 서울 속의 복음
그때와 변함없는 복음

1903년 12월 4일. 지금으로부터 104년 전이다.
그때의 서울은 어땠을까….
지금의 서울과는 많이 달랐을 것이다.
그후로 시간은 흘렀어도 여전히 사람들에게
복음은 필요하고 유일한 해결책인 것은 변함이 없다.

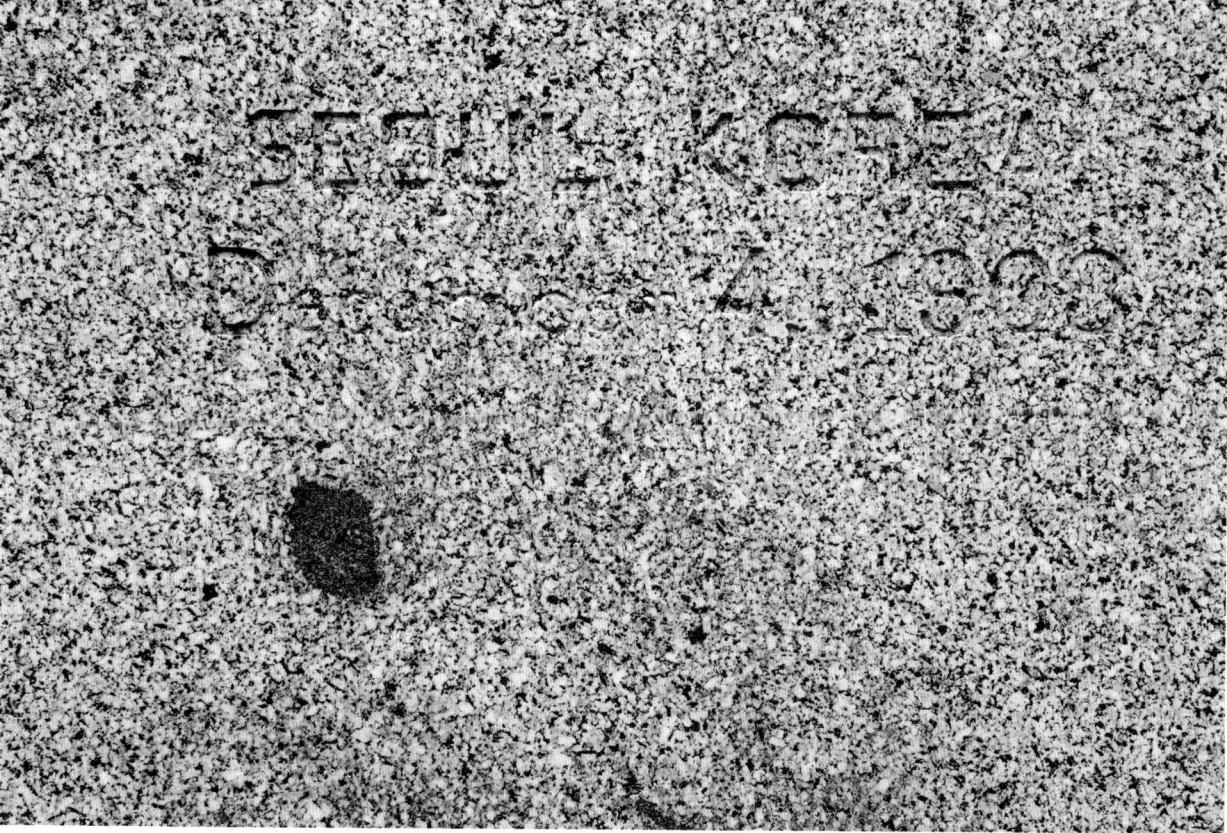

Seoul Korea 2006

법대로 경주하며
치우치지 아니하며

그레이트 하우스
넓은 비석에 깨알 같은 글씨로
무언가를 빼곡히 기록해 두었다.
빛이 비추이면 비석은 두 색으로 나뉜다.
밝은 부분과 어두운 부분으로….
복음의 중간지대는 없다.

CLARENCE RIDGLEY GREATHOUSE.

Born Woodford County, Kentucky, U.S.A., September 17, 1846.

Died, Seoul, Korea, October 21, 1899.

He was elected County Attorney before he was of legal age to hold the office. He was admitted to the practise of law as soon as he became of age. A year or two later he removed to California, where he practised attorney in the highest courts of that and other states and enjoyed an extensive legal practice. He was admitted as a member of the Supreme Court of the United States. He was appointed Consul General to Japan by President Cleveland in 1886. In 1890 he came to Korea as adviser to the Korean Government. Since that time his duty was always at the command of his employers whom he served with fidelity and honor.

선한 싸움을 싸운다
달려갈 길을 마친다

구세군으로 이 땅을 밟은 영국 선교사 토프트의 묘이다.
그의 묘비는 총에 맞은 흔적들이 많다.
디모데후서 4장 7절 말씀이 그의 묘에 기록되어 있다.
바울이 그의 영적인 아들 디모데에게
인생의 마지막을 돌아보며 남긴 서신서의 글이다.
"믿음을 지켰으니…."

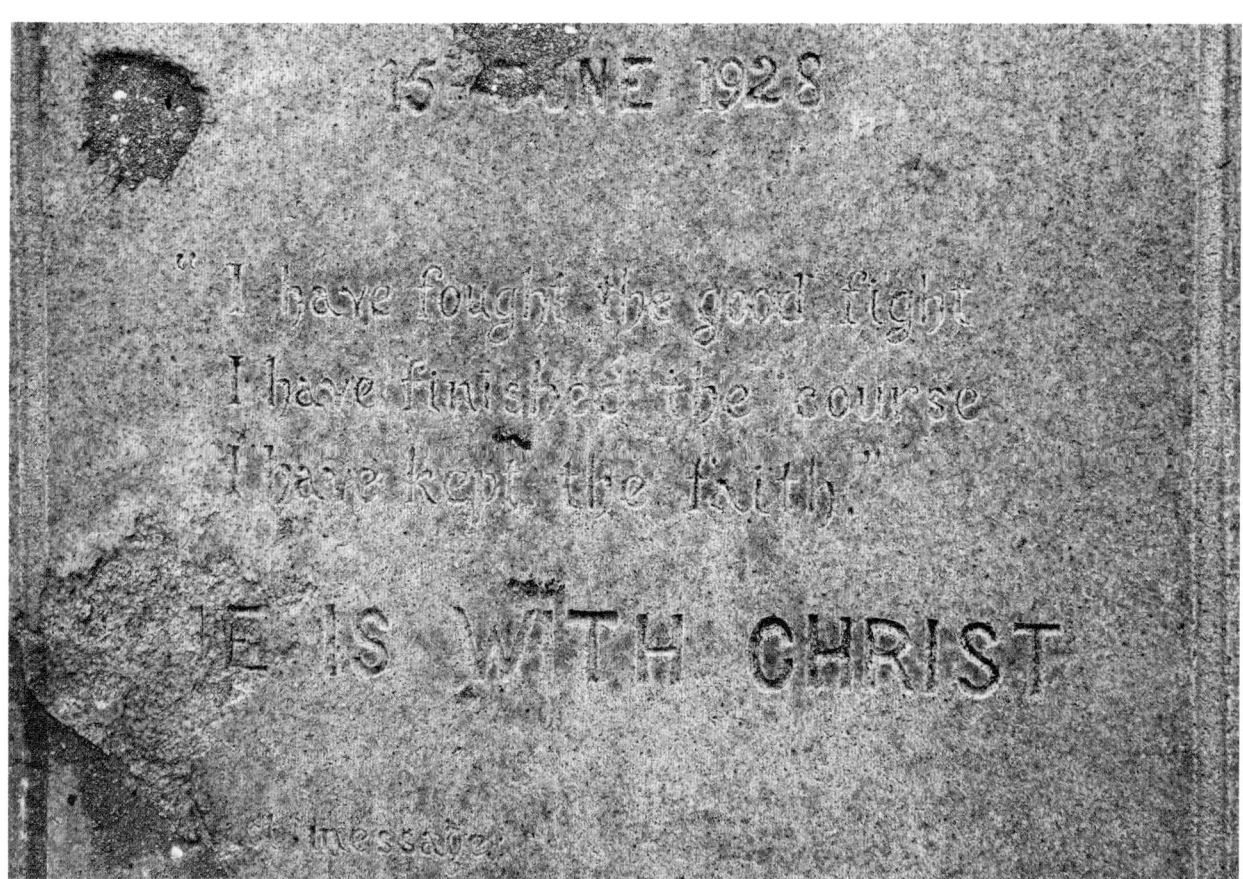

Good Fight 2006

총탄이 빗발치는 고지에서
잃어도 잃지 않는 죽음 앞에서

존 슨
그의 묘비에 있는 영문 N자 세 개에 총 맞은 흔적이 있다.
상단에서 존슨의 N, 미셔너리의 N, 하단에서 존슨의 N.
"죽도록 충성하라."
그의 비문이다.

WALTER VIRGIL JOHNSON
Born August 30, 1874
Died March 16, 1903
MISSIONARY
of the
PRESBYTERIAN CHURCH
in the U.S.A.
Faithful unto death

JOHNSON

> 그리스도를 알고
> 그를 알게 하라

20대와 30대를 보낸 시절
내가 추구했던 일들, 그리고 훈련들….
이제 조용히 나를 돌아본다.
여전히 나는 그 일에 매진한다.
주님의 일을 위해, 그것이 나의 본업이겠지.

To Know CHRIST 2007

3부 또 고맙습니다

제물포에 첫 발을
이 땅에 마지막 발을

정동제일감리교회와 배재학당을 설립한
아펜젤러 선교사의 묘이다. 그의 묘에는 시신이 없다.
1902년 인천에서 목포로 향하던 중, 바다에서 배가 충돌하여 실종 사망하였다.
묘에 덮인 잔디가 바닷물결처럼 넘실대며 흐른다.

Appenzeller 2007

한 알의 밀
한 줌의 흙

한 알의 밀이 땅에 떨어져서
죽으면 많은 열매를 맺는다.
한 사람의 삶이 땅에 묻히면
많은 삶에 변화를 불러일으킨다.
이것이 말씀의 법칙인 듯하다.

Ground 2006

국화꽃 한 송이
고만한 한 아이

아이들 묘역에서 유난히 작은 묘를 보았다.
그 묘에 국화꽃 한 송이가 놓여 있었다.
꽃 한 송이보다도 더 작은 묘비였다.
얼마나 작길래.
얼마나 살았길래….

Little Baby 2006

꽃 한 송이 드립니다
나의 삶을 드립니다

누군가 꽃 한 송이를 올려놓았다.
잠자는 자가 나에게 물었다.
"나도 한때는 조선을 위해서 그곳에 서 있었소,
지금 당신은 누구를 위해, 무엇을 위해 서 있소."

Flower 2007

누군가 꽃 한 송이를 올려놓았다.

….

선교는 하나님의 마음을 동일하게 자신의 마음에 품는 것에서부터 출발한다. 하나님의 마음을 품을 때 비로소 자신과 다른 사람들을 품을 수 있는 공간이 생겨나기 때문이다.

자아로 가득 차 있는 마음을 비우고 타인을 받아들이기 위해서는 하나님의 희생의 마음을 품어야 한다. 때때로 자아는 자신의 자리를 되찾고자 조금씩 꿈틀거리며 마음의 중앙으로 올라온다. 그 마음을 버리고 다른 이들을 품을 수 있는 것은 성령의 도우심 없이는 불가능하다.

하나님의 마음을 알 때 그 마음은 뜨거운 사랑에 감동되고 자원하는 마음으로 하나님께 자신을 드리게 된다. 능력으로도 아니고 힘으로도 아니다. 오직 하나님의 성령의 감동으로 가능한 것이다.

그렇게 그들이 이곳으로 왔고 선교 역사에 중요한 기틀을 마련해 놓았다. 이 땅에 심겨진 복음은 뿌리를 깊게 내렸고 더욱 견고히 그들이 세워졌다. 한결같은 순결함과 사랑으로 주님을 섬기고 사람들을 사랑하는 마음이 필요하다.

하나님은 변함없이 온 땅을 두루 감찰하시며 전심으로 주님을 향하는 자들을 찾고 계신다. 주님을 향한 순결하고 순수한 마음 말이다. 그 마음에 능력을 베푸시며 지혜를 공급하신다. 하나님의 마음을 담은 심장과 복음을 나누어 줄 지혜와 배고픔을 채워 줄 손길과 그들에게로 나아갈 발이 있다면 주님의 도우심과 함께 그 뜻을 이루며 살아갈 수 있다.

주님의 마음을 품은 한 사람이 세상을, 사람들을 주님께로 돌아오게 할 수 있다.

꽃 한 송이를 올려놓는다.

마음속으로 그들에게 대답한다.

"꽃 한 송이 드립니다. 저의 삶을 드립니다."

"Here am I, Send me."

내 나라보다 더 염려하고
내 백성보다 더 사랑하고

헐버트 선교사의 묘이다.
조선을 뜨겁게 사랑했고 조선의 독립을 위해
누구보다 애쓰셨던 분이다.
웨스트민스터사원에 잠들기보다
조선의 땅에 잠들길 원하셨다.

Hulbert 2007

젊음이 불타올라서
이곳이 건강해져서

벙커 선교사는 이 땅의 젊은이들이
건강하게 성장하길 간절히 소망했었다.
젊음이 건강하게 성장해야 미래가 있기에….
이 땅의 젊은이들이 불같이 일어나길
다시 한 번 간절히 소원한다.

Bunker 2007

무엇이 차별입니까
복음이 차별입니다

선교 당시 조선의 신분 차별에 맞서서 복음을 전하였다.
무어 선교사, 그는 양반과 상인이 함께 예배를 드리도록 했다.
이에 반발한 양반들은 따로 교회를 세워 나갔지만, 후에 그들의 잘못을 알고 다시 교회가 하나로 합쳐졌다.
복음 안에서 차별은 없다.

Moore 2005

안녕하세요

안녕히 가세요

아이들 무덤에서 누군가 꽃을 바쳤다.
그렇게 모르는 이들이 서로에게 영향을 주며 만난다.
그런 곳이 양화진이다.
누구일까….
여기에 묻힌 아이와 꽃을 가져온 사람은.

Meet 2006

고맙습니다

또 고맙습니다

그들에게 고맙다는 말 외에 다른 무슨 말을 할 수 있을까.
더 좋은 말이 생각나질 않는다.
그들의 희생과 헌신이 있었기에 오늘의 내가 있게 된 것이리라.
"Thank you. 고맙습니다."

Thank you 2006

. . . . . .

Thank you 2007

귀 기울여 당신을 듣고
맘 가운데 은혜를 품고

비오는 날 오전, 한 무리의 사람들이 서 있었다.
더 많은 사람들이 양화진을 찾고
은혜를 받고 새롭게 결심하는
시간을 갖기를 바란다.

Listen 2007

후기

보통 때와는 다른 마음가짐으로 집을 나선다. 양화진에 가는 길이다. 왠지 양화진을 촬영하려고 나설 때면 늘 새로운 만남을 기대하게 된다. 작은 묘들이 옹기종기 모여 있어서 그리 크지 않은 면적이기에 촬영을 해도 다양한 이야기들을 풀어가기가 쉽지 않았다. 그래도 그곳을 향하는 이유는 무언가 그들의 발자취를 흔적으로 남겨야 한다는 생각에서였다.

처음 양화진을 촬영했을 때는 가는 길을 몰라서 전철을 타고 갔다. 합정역에서 출구를 살피고 이내 양화진으로 향하면 도보로 10여 분 거리에 양화진 묘지가 나온다. 언제나 조용히 오는 이들을 맞이해 주는 아름다운 장소로 들어가면서 기도를 드린다.

"주님, 오늘 하루 촬영을 하면서 당신의 방향을 보기 원합니다. 제 시야가 아니라 당신의 시야로 사물을 바라보게 해 주세요."

기도를 마치고 참배의 마음으로 양화진을 거닌다.

"안녕하세요, 저 또 왔어요. 별일 없으셨죠. 세상이 많이 변했어요. 선배님들이 살아 계실 때보다 더 복잡해진 것 같아요."

인사를 건네면 이내 대답이 들린다. 잘 있었느냐고, 그리고 반갑다고. 그렇게 한 바퀴를 돌아보고, 조금 심호흡을 하며 조용히 양화진을 바라본다. 빨리 촬영을 하기보다는 조용히 그 흐르는 분위기를 보고 싶어서였다. 한 번은 도착하자마자 카메라를 들고 촬영을 한 적이 있었는데 건질 만한 사진이 없었다. 너무 급한 마음에 아무 생각 없이 접근했기 때문이었다. '천천히 그들에게 다가가야 했었는데'라는 아쉬움 속에서 이제는 촬영하기 전에 심호흡을 한다. 그리고, 카메라를 on 시킨다.

해가 이제 서서히 한강 너머로 넘어가려고 하는 시점까지 촬영은 계속되었다. 조금이라도 더 담고자 이리저리 돌아다녔다. 집에 돌아가서 과연 몇 장의 사진이 남을까를 생각하면 조금이라도 더 촬영을 해야 했다. 그렇게 하루를 마감하고 다시 인사드린다. "선배님, 안녕히 계세요. 다시 또 올게요. 몸이 지쳐서 오늘은 이만 해야 할 것 같아요, 자주 와야 뵙죠." 그러면 다시 응답이 온다. 잘 쉬고 다음에 또 오라고, 그리고 영혼이 더 맑아지라고….

지금은 차를 가지고 양화진으로 간다. 그리고 버스 노선도 확인해 놓았다. 차를 가지고 이동하면 반포대교를 건너서 인천 방향의 강변북로로 들어선다. 그렇게 가다보면 절두산 지하도가 나온다. 절두산 지하도가 끝나는 지점에서 들어가야 하기 때문에 차선을 미리 우측으로 잡고 지하도를 들어간다. 그러면 곧 양화진이다. 계속 우측 차선을 타고 달리면 합정역 사이로 들어가는 일방통행로가 나오는데 그 길을 타고 가면 양화진 묘지에 도착하게 된다.

버스를 타고 가는 방법은 강남역에서 470번을 타고 새문안교회(언더우드 선교사가 세운 교회)앞에서 내린다. 그곳에서 271번 버스를 타면 합정역에 도착한다. 그러면 양화진까지 도보로 15분 정도 걸어가면 된다. 버스에 내려서는 반대편으로 건너가야 한다.

한 번은 지하철을 타고 집으로 오는 길인데 어찌나 피곤했던지 그만 내려야 할 곳도 모르고 잠에 빠진 적이 있었다. 부리나케 카메라 가방을 챙겨들고 일어나서 역을 빠져 나오면서 하루를 마감하기도 했다.

양화진에 묻힌 선교사

- **J.W. 헤론** 1856. 6. 15. 영국 출생, 1885. 6. 21. 한국 입국, 알렌 선교사의 후임으로 제중원 원장을 지냄. 진료와 전도 활동을 함. 1890. 7. 26. 과로와 이질로 한국에서 소천, 1890. 7. 28. 양화진에 안장.

- **H.G. 아펜젤러** 1858. 2. 6. 미국 출생, 1885. 4. 5. 제물포항에 도착 정동제일교회 설립, 성경사업 참여, 청년운동과 전도에 힘씀. 1902. 6. 11. 인천에서 목포로 가던 중 배가 충돌하여 침몰 소천.

- **H.B. 헐버트** 1863. 1. 26. 미국 출생, 1886. 7. 4. 한국 입국, 한국 YMCA 초대 회장, 고종의 밀사로 워싱턴에 파송됨. 헤이그에서 밀사의 활동을 후원. 각종 출판물 운영. 1949. 8. 5. 이승만 대통령의 초청으로 내한 후 건강이 악화되어 소천, 양화진에 안장.

- **D.A. 벙커** 1853. 8. 10. 미국 출생, 1886. 7. 4. 헐버트와 함께 내한, 교육 선교사보 활동, 배재학당 2대 학장, YMCA 창설에 관여, 전도와 교육사업. 1932. 11. 26. 79세로 본국에서 소천, 1933. 4. 8. 유언에 따라서 양화진에 안장.

- **S.F. 무어** 1846 출생지는 알려진 바 없음, 1892. 한국 입국, 승동교회 설립, 양반과 천민에 대한 신분철폐를 주장, 서울 근교 순회전도. 1906. 12. 22. 한국에서 소천.

- **M.F. 스크랜턴** 1832. 12. 9. 미국 출생, 1885. 6. 20. 감리교 여 선교사로 최초 내한, 여성교육, 이화학당 설립, 아들까지 이어서 한국선교에 임함. 1909. 10. 8. 77세로 한국에서 소천.

- **S. 홀** 1893. 11. 10. 서울 출생(본국 캐나다), 1926. 4. 19. 미국 의대 졸업 후 의료선교사로 내한, 한국 최초로 크리스마스 씰 발행, 결핵 퇴치에 앞장 섬. 해주를 중심으로 의료선교에 앞장 섬. 1963. 캐나다에서 소천, 1991. 9. 19. 유언에 따라 양화진에 안장.

- **소다 가이치** 1867. 10. 20. 일본 출생, 1905. 6. 내한 후 기독교인으로 회심, 경성감리교회 전도사가 됨, 보육원 경성 지부장을 지냄, 고아들을 돌봄. 1962. 3. 28. 소천, 4. 2. 양화진에 안장.

- **H.G. 언더우드** 1859. 7. 19. 영국 출생, 1885. 4. 5. 아펜젤러와 함께 입국, 새문안교회 창설, 기독교청년회 조직, 연희전문학교 초대 교장. 1916. 10. 12. 건강 악화로 귀국 후 소천. 1999. 5. 20. 양화진에 안장.